L'ART NOUVEAU

DE LA

PEINTURE EN FROMAGE,

OU

EN RAMEQUIN

Inventée pour suivre le louable projet de trouver graduellement des façons de peindre inférieures à celles qui existent.

A MAROLLES.

M. DCC. LV.

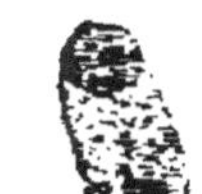

L'ART NOUVEAU DE LA *PEINTURE EN FROMAGE*, OU EN RAMEQUIN.

JE ne ſuis pas bien-aſſuré que l'Art que je viens de découvrir, après plus de deux jours de profondes recherches, ſoit aſſez inférieur à la peinture en ſavon qu'on trouve décrite dans une nouvelle brochure, pour former un degré d'imperfection, bien proportionné à celui que la peinture en ſavon tient elle-même au deſſous des autres façons de peindre. Ce n'eſt pas que je ne me ſois donné tous les ſoins dont je ſuis capable pour y réuſſir; mais comme il eſt des choſes auxquelles il eſt difficile d'ajouter quelque perfection, il en eſt auſſi qu'il n'eſt pas aiſé de rendre pires. On rencontre toujours dans le chemin des découvertes ; un point humiliant où l'humanité reconnoît ses limites, & au-delà duquel on se flateroit en vain de pouvoir arriver.

La vie est trop courte : sans cette considération j'aurois pû attendre, avant d'écrire ceci, que le tems eût bien constaté l'infériorité de la Peinture en ramequin à toutes les autres. Mais on veut jouir, & je fais peut-être bien de me presser ; car après tout, il pourroit arriver que le tems qui décide de toutes les choses douteuses ; & même quelquefois d'une façon que l'on n'avoit pas prévue ; plaçât quelque jour cette nouvelle peinture au dessus de la peinture en savon, malgré l'infériorité que j'ai tâché de lui donner. Je ne me flate pas toutefois, que ce soit encore ici la plus mauvaise façon de peindre qu'on puisse inventer ; il y auroit trop de vanité à prétendre d'être parvenu par ce coup d'essai au plus bas degré, où la méchanique pittoresque puisse descendre, pendant que de plus habiles que moi, avec tant de travaux & tant de connoissances, n'ont fait qu'un pas à l'inferiorité. Au reste si on trouve que la peinture en ramequin n'est pas suffisamment au dessous de la peinture en savon, pour suivre une dégradation proportionnée, j'indiquerai dans le cours épineux de cette sçavante dissertation, explication & publication de l'Art de peindre en fromage, les moyens de la dégrader encore un peu; que si au contraire on trouvoit qu'elle tombe trop au dessous de la peinture en savon, je donnerai aussi le moyen de diminuer cette trop grande distance, sans toutefois faire changer de place à la peinture en ramequin, sans la tirer du point d'abaissement que je lui ai assigné. Il n'y aura pour cela qu'à faire descendre encore un peu la peinture en savon; le sel de tartre qu'elle contient, fournira toujours un moyen commode de la dégrader tant qu'on voudra, avec le secours de l'humidité.

C'est ainsi qu'avec le savon & le fromage on arrive doucement au pire par une dégradation sage & mesurée. Il faut observer ici que mes devanciers & moi nous imitons la marche de la nature, qui a ramené quelquefois les ténébres & l'erreur, pour faire briller avec plus d'éclat la lumiere qui leur succede.

Quand j'eus reconnu dans le fromage des qualités plaſtiques & agglutinantes qui le rendoient applicable à une nouvelle façon de peindre, je cherchai à le diſſoudre pour lui donner la fluidité néceſſaire; mais je fus mille fois tenté d'abandonner ce projet, & j'allois en effet y renoncer dans l'inſtant où le hazard me conduiſit à cette découverte.

Je n'oſe dire comment cela arriva : je ſuis trop mauvais Chymiſte pour y avoir procédé ſur des connoiſſances antérieures. J'ignorois ſur-tout qu'on eût travaillé ſur cette ſubſtance : je ſçavois ſeulement par la ſimple inſpection, que le fromage contient naturellement une eſpece d'huile, une ſéroſité raccornie, & du ſel marin par addition; mais je n'en étois pas plus avancé. J'eſſayai en vain de le diſſoudre avec toutes les ſubſtances qui me parurent capables de produire cet effet : je n'y réuſſis pas, & je me laſſai d'avoir fait tant de recherches infructueuſes; mais j'avois acheté pluſieurs fromages pour faire ces recherches, & afin de me trouver une provision suffisante de celui qui réussiroit, je les avois achetés fort grands : je n'aurois pû les vendre sans perte, & un Philosophe qui, comme moi, ne passe tout son tems à faire des découvertes que pour les rendre publiques, a besoin d'économie ; je résolus de manger mes fromages, & c'est la résolution la plus heureuse que je pouvois prendre, puisqu'elle occasionnoit la découverte de la peinture en ramequin : découverte utile à tous les mortels, excepté à celui qui l'a faite ; découverte à jamais mémorable, puisque sans elle la peinture en savon seroit peut-être la plus mauvaise de toutes les peintures. Je la fis cette grande découverte, un jour que je mis de mon fromage dans une omelette.

Lecteur peut-être trop puriste & trop guindé, ne soyez point scandalisé de ce qu'il y a de trivial dans ce récit : sçachez que les Philosophes n'admettent point de distinction d'élégance entre les substances ; ils disent même que le grand œuvre s'opere par le moyen des matieres les plus communes ; & vous, cher Lecteur, qui êtes sûrement un être très-important, au moins dans votre esprit, soit que vous soyez un Petit-maître frivole, ou un Vieillard ignorant, ou un Financier orgueilleux, ou un Pauvre insolent, ou un Avare sans entrailles, qui que vous soyez enfin, & de quelque dignité que vous puissiez être, soit dans votre opinion, soit dans celle des autres, cher Lecteur, n'êtes-vous pas fait de poussiere? & si vous devez votre origine à une substance si ignoble, pourrez-vous trouver mauvais qu'une pauvre peinture en ramequin sorte du sein d'une omelette?

Je reviens à ma découverte : je fus si transporté du plaisir de l'avoir faite, que peu s'en fallut que je ne courusse les rues pour l'annoncer à tout le monde. Je croyois en avoir les gands, & je fus très-mortifié, lorsque j'appris que l'ingénieux auteur des Petits Soupers de la Cour, à qui on en avoit parlé, s'étoit écrié comme Rouelle dans une autre occasion, *Qui est-ce qui ne sçait pas cela?* J'en fus humilié; mais je le fus bien davantage quand on me dit que le même hazard avoit fait faire cette découverte, aussi-bien que tant d'autres de moindre importance, dès la vingtiéme olympiade. Un homme de ma connoissance, qui ne sçait que le grec, le chaldéen, & quelques autres jargons de cette espece, me dit que si j'entendois le grec, il me feroit l'histoire de cette découverte telle qu'on la débitoit autrefois à Lacédémone: elle perdroit tout son sel dans notre langue, ajouta-t-il, car il n'y a que le grec pour la force & l'énergie, surtout quand il s'agit de fromage, parce que cet aliment étoit de la frugalité Lacédémonienne: quoiqu'il en soit, voici son histoire.

Deux jeunes Lacédémoniens brouilloient des œufs, & comme ils attendoient qu'ils fussent cuits, ils vinrent à se disputer vivement un morceau de fromage qui devoit faire partie de leur repas. Ils étoient placés autour de la casserole où se faisoit l'opération des œufs brouillés; le fromage leur échappa dans la dispute, & tomba dans les œufs; d'abord de l'y chercher, mais en vain. Chacun prit une cuiller, chacun fouilla de son côté; mais le fromage avoit disparu: les jeunes gens piqués se prirent aux cheveux *, & se

* Je doute fort que cette pratique, qui est

battirent comme auroient fait des hommes ou des nations en pareil cas. On accourut au bruit, on s'informa du sujet de la querelle : l'un des jeunes gens soutenoit que le fromage étoit dans les œufs, mais il ne s'y trouvoit plus ; l'autre assuroit qu'il l'avoit vû disparoître, & qu'un génie équipé à peu près comme Mercure, l'avoit emporté ; ce qui étoit plus vraisemblable. Tous deux cependant passerent pour imposteurs, & ils alloient être châtiés tous deux, quand un des spectateurs qui commençoit déja à s'éloigner un peu de la philosophie d'Aristote, proposa de répeter l'expérience, afin de pouvoir la constater en fait, ou d'en reconnoître la fausseté. L'expérience fut faite, & l'on sçut la propriété qu'a l'œuf, c'est-à-dire son jaune, de dissoudre le fromage * ; on a appris depuis qu'il dissout bien des choses qui ne

de la gymnastique françoise, fût de celle de Lacédémone.

* Depuis que j'ai écrit ceci, un Suisse des montagnes de Gruyere m'a assuré que l'usage de dissoudre le fromage dans les œufs est connu dans son pays de tems immémorial ; ce qui doit être bien plus reculé que la vingtiéme olympiade.

sont dissolubles dans aucun autre menstrue. Il paroît donc que tout le monde sçait cela ; mais je crois que personne n'a jamais pensé avant moi à faire l'application du fromage ainsi dissous à la peinture que j'appelle en Ramequin.

On doit toujours donner aux choses qu'on veut mettre à la mode, un nom remarquable qui ait un air d'érudition & d'importance. Je crains beaucoup que le son de celui-ci ne soit trop vulgaire pour répandre quelque dignité sur ma nouvelle & sçavante façon de peindre ; & si je n'avois appréhendé que le zéle actif & citoyen de quelque éventeur de secrets n'eût pénétré le mien pendant que j'aurois employé les Sçavans à lui donner un nom d'origine grecque ou arabe, je ne m'en serois pas tenu à celui de Ramequin.

C'est une ardeur bien louable que celle qui nous porte à pénétrer les secrets des gens à talens, pour les rendre publics ; je m'applaudis beaucoup de n'avoir pas voulu vendre le mien *,

*. La crainte de voir bientôt donner au public gratis ce que j'aurois vendu de bonne foi

quoique j'y eusse un droit bien naturel, quand ce n'eût été que pour m'indemniser de la perte de tant d'œufs & de fromages que j'ai dissipés à la poursuite de ma découverte ; mais j'avoue qu'il est plus beau & plus citoyen de se ruiner pour le bien de la société : elle n'est point ingrate ; elle a, comme on le sçait, des hôpitaux pour nos besoins, & même des *bornes* pour ces hommes sensuels, qui ne sçauroient se passer de dossier jusques dans la pauvreté où ils se sont voués, & à la mort.*

J'avoue aussi que si je me suis hâté de découvrir mon secret, c'est que je suis en tout point de l'avis de l'auteur de la brochure ; je pense, comme lui, qu'il faut qu'un Artiste ne se réserve rien de tout ce qui peut rendre ses opérations préférables à celles de ses confreres ** : tout est fait dans la na-

à un particulier, a eu beaucoup de part à la publication de mon secret.

* C'est par un reste de sensualité que l'auteur exige une borne ; il se découvre trop : il auroit paru plus de desintéressement & d'austérité dans la suppression de ce secours.

** Il est vrai que cette doctrine semble pro-

ture pour être compensé. S'il est des paresseux & des ignorans dans toutes les professions, il s'y trouve aussi des hommes actifs, studieux, habiles, dont les vertus ne sçauroient être destinées à rien de mieux, qu'à balancer dans d'autres sujets les vices opposés. Vous autres mortels qui ne pensez à rien, vous croiriez peut-être d'abord qu'il est très-juste & très-naturel qu'un ouvrier qui a des sentimens d'émulation & d'indépendance, & qui a plus travaillé qu'un autre, fasse servir ces circonstances à rendre son état plus heureux; point du tout: avec un peu de réflexion & beaucoup d'enthousiasme, vous verrez bientôt que cet ouvrier seroit punissable s'il s'avisoit de jouir du fruit de son industrie. *

On me répondroit en vain que les

duire un cercle assez inutile à la société; car si chacun donnoit ce qu'il possede à ceux même qui n'ont rien, il arriveroit que ces donneurs n'auroient rien à leur tour, & qu'il y auroit toujours à peu près dans le monde le même nombre de gens qui n'auroient rien.

* Ceux qui trouvent des remedes à quelques uns des maux sous lesquels l'humanité gémit, sont obligés de les réveler.

talens & les découvertes sont des acquisitions aussi personnelles que celles de la fortune, & que la même prudence qui exige de nous la conservation de celles-ci, vû l'état présent des choses, exige aussi que nous conservions les autres. Tout cela n'est que pur sophisme, & je n'y réponds qu'avec la *borne :* je soutiens qu'un bon citoyen qui se trouve, par exemple, avoir les yeux forts, & la vûe étendue, doit en consacrer l'usage à conduire des aveugles; qu'il doit se lever de grand matin, & ne faire que cela; que mieux il voit, plus il y est propre; & que plus il y est propre, plus il y est obligé. La connoissance qu'il a acquise des rues de Paris, & qu'un aveugle ne sçauroit posséder aussi parfaitement que lui, est une espece de découverte dont il ne doit pas faire un secret à ces pauvres gens, qui seront obligés à leur tour de lui enseigner tous les mystères de la mendicité.

On me pardonnera l'extrême longueur de cette digression, en faveur de la morale épurée qu'elle contient. Je reviens à mon Ramequin, & je l'explique.

Enfans de la science, je sçai ce que vous penserez en voyant ici le principe respectable de l'origine & de l'accroissement de toutes choses, l'or du genre animé, l'emblême des grands objets de la contemplation des Philosophes : arrachez-le avec respect des bras de la Diane transparente qui le gardoit avec soin ; choisissez sur-tout celui dont la couleur précieuse approche davantage de celle dont est revêtu le Prince au jour de son triomphe. *

C'est-à-dire, en langage humain, prenez des œufs passablement frais, séparez de leur blanc les jaunes les moins pâles, mêlez-les ensemble dans un vaisseau plus ou moins grand, de quelque métal que ce puisse être ; car une des plus heureuses circonstances des matieres que j'emploie, c'est qu'elles ne contiennent aucun acide, ni aucun

* Mon premier dessein étoit de publier ma découverte dans le langage des Philosophes ; mais quelques personnes m'ont représenté que je m'exposerois par là au reproche d'en avoir voulu faire un mystère : d'autres en même tems me conseilloient d'employer ce langage, parce que, disoient-elles, il est équivalent au silence qui convient à ceux qui font des découvertes comme celle-ci.

alkali assez actif pour agir dangereusement sur les métaux.

Prenez du fromage de Gruyere, celui qui a deux ans pourroit bien être le meilleur, son serum est plus tenace & plus ductile que celui des autres fromages; je n'en dis pas la dose, les adeptes la trouveront : elle dépend de la fraîcheur des œufs, de l'âge de la lune, de l'heure, du jour, & des mœurs de celui qui fera l'opération. Coupez le fromage en petites lames, mêlez le tout ensemble, & l'exposez à la chaleur du *bain-marie*; retirez votre mêlange dès que le fromage sera fondu : vous aurez alors une substance propre à délayer toutes sortes de couleurs. Ne craignez pas la légere teinte jaune qu'elles en recevront, elle donnera à vos ouvrages ce ton doré qu'on admire tant, & qui est préférable au ton gris.

Cette façon de peindre n'est applicable ni sur le bois, ni sur la mousseline, ni sur le taffetas, ni même sur la toile ordinaire, à laquelle la peinture en savon est si merveilleusement adaptée. Le fromage se refuse à toutes ces substances, pour suivre son association naturelle au pain.

Pour faire le panneau sur lequel vous voulez peindre, prenez de la farine de froment, faites-en une pâte avec du petit lait; le lait pur la rendroit trop friable, à cause du beurre qu'il contient: cette pâte recevra toutes les formes que vous lui donnerez, vous verrez même qu'elle s'étendra sous le rouleau. Ce phénomene n'est pas moins surprenant que celui que produit la mousseline *en se reployant sur elle-même en zigzag*, lorsqu'on la plonge dans la cire fondue.

Il sera bon de mêler dans votre pâte une petite quantité d'extrait de coloquinte, afin que son amertume empêche les vers, les souris & les enfans de manger vos tableaux, comme cela arriva au premier que je fis, pour avoir négligé cette précaution. Si la peinture en ramequin ne paroissoit pas suffisamment dégradée, on pourroit la dégrader encore, en supprimant la coloquinte, & en l'exposant ainsi à l'inconvénient d'être mangée. Il est vrai que d'un autre côté la suppression de la coloquinte sembleroit acquerir quelque supériorité à la nouvelle peinture, en ce que beaucoup de pauvres Peintres en ramequin, pourroient quelquefois dîner de leurs tableaux immédiatement, & avec plus de facilité que les Peintres en d'autres genres.

Quand votre panneau sera formé, il faudra le faire secher, en hyver au feu, en été sans feu : je ne sçai pas néanmoins si la chaleur sera égale dans ces deux circonstances : ma découverte est trop nouvelle pour qu'il m'ait été possible de comparer l'effet des deux saisons sur le panneau ; d'ailleurs quand je vous dis de le faire secher au feu, je ne vous dis rien du tout, parce que je n'en détermine ni le volume, ni l'approximation. Il faut donc, cher Artiste, que vous fassiez cette épreuve vous-même, si toutefois la mode de la peinture en ramequin soutient une révolution annuelle du soleil ; en attendant je crois que vous pourrez faire secher votre panneau assez sûrement dans un lieu dont vous entretiendrez la chaleur dans quelque saison que ce soit, au 70 degré du thermometre de la division de M. de Reaumur ; vous le mettrez ensuite au four pendant l'espace de deux ou trois *miserere*, suivant que vous serez plus ou moins habile à les réciter.

Quand votre tableau sera peint & achevé, vous l'exposerez à un grand feu, & vous vous garderez bien surtout d'inventer un moyen plus commode de le cuire : vous consulterez le goût des personnes qui vous employeront, pour sçavoir si elles veulent un tableau aux œufs durs, ou non ; & vous lui donnerez une chaleur proportionnée. La façon de vernir la peinture en ramequin est simple & analogue ; vous y appliquerez tout bonnement un blanc d'œuf. Je n'ai pas eu le tems de composer un vernis plus compliqué, un vernis, par exemple, où il entrât du sel de tartre, ou un vernis *mat* ; car celui-ci me paroît le plus digne d'admiration & d'imitation. Un vernis mat : ah la bonne chose ! la premiere propriété d'un vernis mat sera de cacher la surface sur laquelle on l'appliquera. Pouvoit-on espérer de trouver jamais rien de si heureusement approprié aux tableaux en ramequin ? c'est le *nec plus ultrà* de la dégradation en fait de vernis. L'infériorité de ma nouvelle peinture me donne sur ce vernis un droit incontestable.

J'ai oublié de dire qu'en choisissant

des fromages différemment persillés, on pourra, suivant leurs différentes couleurs, faire une épargne considérable de laques & d'outremer.

FIN.

Faute d'impreſſion qui ſe trouve dans la brochure intitulée : *Hiſtoire & ſecret de la Peinture en cire.*

P*age 5. ligne troiſiéme* de la note, *Pour* Il s'en manque bien que l'eſſence de thérébentine s'étende autant que l'huile, *liſez* :

Il s'en manque bien que l'huile s'étende autant que l'eſſence de thérébentine.

Ceux à qui les huiles & leur préparation ſont connues, diſent que le reſte de la Note n'eſt pas intelligible ; mais ce pourroit bien n'être pas la faute de l'Imprimeur. Ce qu'on y dit de la façon dont le feu opere ſur la partie mucilagineuſe des huiles, n'eſt qu'une hypotéſe : ce qu'il y a de certain, c'eſt que les huiles s'épaiſſiſſent par la cuiſſon,

www.ingramcontent.com/pod-product-compliance
Lightning Source LLC
LaVergne TN
LVHW020507230826
846091LV00008BA/3388

* 9 7 8 2 0 1 6 1 6 6 8 3 3 *